IMPERIUM

EL PENÚLTIMO OCRE

María Pilar Martínez Barca

IMPERATRIX

Primera edición: diciembre 2023

© De esta edición: Imperium Ediciones
© De los textos: María Pilar Martínez Barca
© Imagen de portada basada en una fotografía de Jesús Alba Enatarriaga.

Maquetación: María Pilar López Pinilla

ISBN: 978-84-128053-1-4
D.L.: Z-183-2024
Impreso en España – Unión Europea

A mi familia, en el amor.
A Jesús Alba, mi árbol complementario.
A todos los que nutrieron mi savia interior.

A ti,
simiente, raíz,
tronco y cobijo
de mi propia esencia

Marta Martínez

PRÓLOGO

El término ocre, aplicado a un color, es definido por el diccionario académico como «amarillo oscuro». El significado viene determinado, metonímicamente, por el del mineral de óxido de hierro hidratado designado por dicha palabra. El ocre se asocia habitualmente al tono que muestra el cielo al atardecer. De modo que el título de este nuevo poemario de María Pilar Martínez Barca viene a reflejar, metafóricamente, la segunda madurez plena de la autora, que, en agosto de 2022, festejó su jubileo de diamante con la vida, según dirían los ingleses.

Esta nueva obra poética refleja también, a mi juicio, la madurez creadora de Martínez Barca. Por ejemplo, aborda, sobre todo en la primera parte del texto, formas poéticas breves, de intensa y original fuerza lírica, que, sobrepasando las populares hispánicas, le traen al lector el eco de los haikus japoneses, con una emoción sobria, más implícita que explícita, realmente novedosa y bella en el quehacer poético de la autora:

Un día más de niebla, un nuevo invierno, otro año
de ciudad para dentro sin ventanas. [Poema I]

Alcanza, asimismo, un lirismo hondo, depurado, tanto en los poemas existenciales de la primera parte, como en los que evocan, en la segunda, vivencias con protagonistas familiares esenciales para la autora, siempre tan queridas para ella, o episodios de la vida familiar, expresados unas y otros de modo particularmente brillante por lo conmovedores que resultan en esta nueva entrega.

Porque, en efecto, este libro contiene veintiocho poemas distribuidos en dos partes: «Radiografía de árbol» –la primera–, integrada por diecisiete, y «El tronco familiar» –la segunda–, que comprende once. Los tres títulos, entonces, el de la obra y los de sus partes, dejan clara la simbiosis entre humanidad y naturaleza, y, más concretamente, entre la vida personal y la del árbol, tal como la siente, la vive y la expresa Martínez Barca. Porque esa primera parte nos transmite su experiencia como persona, en etapas distintas –de niña a mujer plena, dueña de su yo, de sus sentimientos–, pero siempre imaginada y vivida como transformada en árbol.

En dicha primera parte, destacan los textos breves ya indicados (cf. los poemas I, VI, VII, VIII o XVI –este último, con un solo verso–). Pero se incluyen también poemas más extensos, en cierto modo metafísicos, que revelan la experiencia del propio ser, o estar, en el mundo, madurada por el paso del tiempo, con matices diferentes –apasionados, melancólicos, reflexivos, e incluso vacíos o huecos: el lector los descubrirá–, en la que se halla presente, asimismo, la vivencia amorosa. Algunas de dichas composiciones nos revelan el sentido de todo el poemario:

> Amarillos, naranjas, transparentes,
> color de los crepúsculos o de la hoguera en clímax,
> púrpuras o violeta intrauterino,
> nos convocan los árboles. [Poema VIII]

> [...] Pero no soy un árbol, no soy Dafne
> transfigurada solo por deseo.
> Me sé mujer completa, talada a veces
> en mi noche más íntima,
> éxtasis y tensión hacia la fuente,
> absoluto y arcilla en mis raíces.
> Capaz de recrearme en el amor. [...] [Poema X]

Si la primera parte constituye centralmente una visión experiencial del propio yo de la autora, la segunda evoca, también con matices distintos (alegres, tristes, nostálgicos, reflexivos), su relación con personas concretas, siempre profundamente amadas por ella: padre, madre, tío, tía, hermanos, sobrinos, sobrina, pareja amada...; efectivamente, el tronco familiar. El tronco familiar, arraigado en paisajes diferentes a lo largo de la vida, y, por ello mismo, evocado con entusiasmo, o con melancolía. Reunido, a veces, en un mismo poema, pero desgajado también, en otras ocasiones, en un solo protagonista en comunión con la autora. Y, de forma permanente, la presencia del árbol, de los árboles. En simbiosis con los personajes que desfilan ante nuestros ojos.

11

Con una expresividad nueva, original, profunda y, al mismo tiempo, nítidamente reveladora de los rasgos esenciales de la personalidad y de la vida de Martínez Barca dentro de su núcleo familiar, si bien, según declaración de la propia autora, también se puede percibir en esta parte la influencia de un poeta bien conocido, querido y estudiado por ella: Manuel Pinillos.

En síntesis, creo que *El penúltimo ocre* es un poemario con una clara unidad de objetivo literario, de imágenes, de sentimientos, de sentido poético. Las dos partes son complementarias y la unidad de sentido se percibe desde el primer poema al último, pues, en este, en el que se halla implícita la pareja amada por la autora, se concluye, dando respuesta a lo planteado a lo largo de todos los poemas, que el ocre no es último cuando se cuenta con el amor y la ternura, en sus diversas formas, para salvarlo, y la memoria, para retenerlo.

Agradezco, pues, a María Pilar Martínez Barca este nuevo libro, que nos la hace sentir muy ella, en una madurez envidiable por la belleza y la originalidad que ha sabido imprimir a su obra. Y la felicito de todo corazón porque este poemario me ha conmovido profundamente.

María Antonia Martín Zorraquino

Radiografía de árbol

I

Un día más de niebla, un nuevo invierno, otro año de ciudad para dentro sin ventanas.

||

Se ha posado la nieve, paloma de silencio,

sobre la alcantarilla de cada corazón.

Las aceras sin sombras,

                    los árboles sin ramas,

el lento desperezo de los amaneceres

junto a la duermevela del insomne.

Todo parece nuevo en este instante,

con una luz de siglos

                    inaugural y arcaica.

La nieve se ha posado en la ciudad.

|||

Soy sombra de palmito, en esta luna

hermosamente llena e iniciática,

cuando se pone el sol en los rincones últimos.

Intimidad de beso y de lágrima,

desnudez del deseo.

Un remover muy lento de las ramas

todavía resecas,

ahora que comienzo a entresoñar la luz de las caléndulas.

Todo lleva su tiempo. También la fotosíntesis del espíritu.

IV

Tengo sueño.

La noche se me mete debajo de los párpados

y me adormece, suave

mente el deseo y la razón.

Me desnudo de todos los apegos,

y renazco en las aguas.

V

Telarañas

en tus ojos cerrados.

La luz se va posando

en tu almohada,

muy suave,

y unos labios te besan.

Se despereza el aire en tu bostezo.

VI

Las ramas de los sauces se bañan en el río,
se adentran en las aguas, calmamente,
como la raíz al interior.

VII

Se remansan las nubes
en el telón de fondo de la tarde.
Parecen pensativas, meditando.

VIII

Amarillos, naranjas, transparentes,
color de los crepúsculos o de la hoguera en clímax,
púrpuras o violeta intrauterino,
nos convocan los árboles.

IX

Otoño se ha estrenado con colores
de estío todavía.
Se respiran calmados los violetas
debajo de los párpados y adentro de la piel,
como si todo estuviera conseguido.
Como si todo
se consumase hermoso aquí en la nada
del no deseo pleno.
Las hojas van cayendo lentamente,
descamando muy limpio el corazón,
el alma de las cosas, mi propio ser desnudo,
desprotegido, inerme hasta la nueva primavera.
Cae el telón de las nubes, y se desconcha
el cielo de la tarde. Agujeros negros
dejan salir un pájaro, una lágrima caída
de la rama más alta. Ya la noche
se transfigura en copa, y nido, o sueño.

X

Las hojas se me caen cada noviembre,
antes de las nevadas, en espera
del solsticio de invierno y de mi vida.
Es como si me fuera desprendiendo
del lastre que me tiene varado el corazón
de ramas hacia adentro,
sin nido para el pájaro, sin luz
en esta niebla densa del letargo.
Me siento un tronco seco,
que busca en su interior la memoria del agua.

Pero no soy un árbol, no soy Dafne
transfigurada solo por deseo.
Me sé mujer completa, talada a veces
en mi noche más íntima,
éxtasis y tensión hacia la fuente,
absoluto y arcilla en mis raíces.
Capaz de recrearme en el amor.

Soy el arco y la flecha,

quietud y búsqueda

de no sé qué laberintos sublunares,

túneles de la sed hacia el encuentro

de raíz y horizonte.

Basta ya de metáforas.

Me desnudo de hojas cada vez

que me presiento ocaso,

que rozo con mis ramas lo finito.

Me pesa todavía la simiente y, sin embargo,

no deseo ser ave solitaria, en el silencio

que germina de yemas la oscuridad penúltima.

XI

Me siento bien dentro de mi corteza,
con algunas hojas amarillas
y el corazón en sepia, por ese polvo de oro
que nos dejan la vida y sus crisoles.
Me voy sintiendo a gusto en cada cicatriz
que han grabado los hielos, las orugas,
las ramas desprendidas
tan prematuramente. Las ausencias.
Agradezco a la luz, sutil metamorfosis
de crepúsculos y brotes sublunares,
para calmar mi sed de plenitud.
Presiento la estación de los despojos,
de los ocres penúltimos, antes de que la lluvia
nos transfigure en tierra y humus cálido.
Pero antes
de reposar eterna en otro círculo,
han de seguir creciendo mis raíces
hacia un cielo más hondo, más auténtico.

XII

Estoy en la mitad de la mitad,
justo a media distancia de los acantilados
y las cimas rosáceas de la luna.
A mitad de camino de mi yo más desnudo
y la fragilidad del equinoccio,
cuando empieza a intuirse el despojo de la larva.
Árbol de piel reseca, mis raíces absorben
los humedales últimos de mi noche más íntima,
allí donde el prodigio se presagia.
Nadie escucha este silencio denso
de tu cuerpo a mi cuerpo, ni los mínimos brotes
de yema renacida. Justo en medio
del deseo hecho vida y trascendencia,
que se palpa en los labios,
suave música intacta hacia el abismo
cuando ya nada importa.
Estoy en la mitad de tu centro sagrado,
que es mi centro más puro, despojado
de la escoria que ataba a esta orilla,
temores, y tristezas, y niebla enmarañada al corazón.

A mitad del camino que lleva a tu otro yo

y despeja horizontes ignorados,

donde las hojas caen en sentido invertido al del otoño

y nos volvemos pájaros, o conejos

salidos del sombrero de unos niños que se aman.

¿Comenzaremos pronto a descender?

¿A contar para atrás las bolitas del ábaco?

¿O sumaremos todavía

sorpresas de colores, mariposas, incandescencia de árbol,

mucho antes del túnel?

Ahora, en la mitad

de la desposesión que me lleva a tu ser,

degusto cada forma, deletreo

los sabores que dejan tus labios en mi piel,

me dejo transportar por tu silencio,

que contornea luces nunca oídas.

Y en mi tronco, un recuerdo de hojas nuevas,

de corolas tempranas que empiezan a entreabrirse,

de un agua que florece entre las grietas.

Me fluyen tantos versos como un río

que quiere desbocarse,

como granadas frescas,

como lluvia.

¡El éxtasis más bello que se transmuta en muerte!

Silencio.

Me siento en la mitad de tu mitad.

XIIII

Déjate discurrir como los ríos
de la fuente al estuario,
el uno junto al otro, o paralelos,
o buscando contactos parabólicos
de vida o aguas breves, fugitivas.
Que el aire fluya ingrávido en tus ramas
transmutando el vacío en hojas nuevas,
desnudo todo el tronco, disponiéndose
a ser cálido albergue de silencio y de pájaros
en una primavera rediviva.
Detén el paso presuroso,
los sueños que anticipan vaticinios
inocuos y noctámbulos,
alacranes mortíferos con sus siete cabezas.
El futuro sin ojos, descarnado e insombre,
no ha existido jamás
sino en los corazones ateridos.

Despréndete de túneles y cárceles:

al fondo, a un paso más,

en tu interior de savia adormecida,

puedes rozar la luz y respirarla,

crisálida en espera.

Déjate reposar en el invierno.

Que el rocío o la nieve te humedezcan

la cánula del hueso,

para desperezarte de tanta languidez.

Coge muy suavemente, como si se rompiera,

esa paz que han dejado los penúltimos

jirones de la tarde,

y vístete de oro y transparencia.

Disponte a celebrar

la desnudez pletórica

de los que nada tienen y lo atesoran todo.

En tu brazo combado de abedul,

ya sin peso,

se han posado unas alas.

XIV

El tiempo ha desgastado los tacones,
mientras la arena cae
en la oquedad vacía de tus párpados.
Tan apenas una niña, los escuchabas
subiendo y bajando la escalera
de la infinita caracola.
Simétricos, ágiles, impetuosos.
Tú nunca los calzaste, ni tan siquiera
en una adolescencia que se te fue como agua de las manos,
de la noche a los panes compartidos.
Pero aún te apoyabas en aquellos tacones
jóvenes de tu madre.
Después, en un suspiro, la crisis de los treinta,
cuando pensabas
que nadie te amaría para la eternidad.
Tus labios se curvaban hacia las lágrimas
mientras el zapatero les echaba algún que otro remiendo.
Arrugas de la edad.

Los zapatos terminaron tirándose,

pero tu piel volvió a iluminarse desde dentro

cuando aprendió a amar y a desprenderse

de las escamas viejas.

Ahora no usa ya tacones,

y tú sigues llevando calzados ortopédicos,

como columnas firmes

que sostienen la vida y su contorno.

Déjate respirar, perdónate

los lunares manchados de ceniza que te afean el alma.

Cruzado el meridiano,

escuchas sus pisadas asimétricas. Y tomas aire.

Puedes ir ya descalza por el mundo.

XV

Otra vez las ramas esqueléticas de los plátanos
apuntalando el cielo, con nubes violáceas y ceniza,
o turquesa calmado.
Dejando vislumbrar, por entre la comisura del vacío,
sarmientos retorcídos de raíz ascendente,
la sed del corazón.
Como un volcado de la vida,
en cuya máscara comida de lombrices
se reflejase intacto nuestro sueño
de poseerlo todo en la oquedad.

XVI

Deja que hablen los árboles.

XVII

Ahora que los árboles comienzan
muy lentos a rebrotar bajo la escarcha,
tras despertar del letargo de oscurísimos túneles
y murciélagos muertos,
se avecina por fin la primavera.
Ahora que la nieve
persiste contumaz en los muñones
taladrados del aire,
y que los eucaliptos dejaron de existir en la memoria.
Ahora, cuando pesa la ausencia
y el centauro de los siete colmillos nos mira fijamente,
cuando irresolublemente sabemos de un final sin solución,
estamos más cercanos que nunca de la luz.
Ahora que la niebla se enmaraña
como gusano inerte
en las cuencas vacías de los plátanos,
el sépalo de cada mariposa nos convoca a la vida.

Antes de que los hielos

resquebrajen esquejes y esperanzas;

ahora, precisamente ahora,

cuando la lluvia se va desvaneciendo

en el centro del cristal

y las raíces buscan hacia arriba,

nos transformamos en ailanto.

Muy pronto ya, la rama en brasa viva que nos abre

por enésima vez el paraíso.

EL TRONCO
FAMILIAR

XVIII

Como el viento sedoso de finales de julio
acaricia las hojas,
en un murmullo suave de palomas y luz,
el silencio iniciático de agosto preconiza
la mitad de la vida,
cuando el sol baña en plata
las ramas de los chopos y los plátanos,
remedando las aguas de otro río,
la corriente callada de un molino olvidado.

¿Dónde quedó el adobe de la casa
que albergaba mi infancia en la otra orilla?
El ventanuco chico fue haciéndose boquera,
pared desmoronada,
almenas interiores de un torreón vacío.
¡Cuántos atardeceres contemplaste, tía,
sentada en el poyuelo de la piedra redonda,
la hoguera de rastrojos hacia la ermita!
Te quedabas mirando cada vuelo menudo de gorrión,
una nube preñada de tormenta, o la canícula.

De tu mano aprendí

el nombre de las flores y los astros,

los arbustos y espinos, la Vía Láctea, el Carro.

Entonces, cuando el tío serraba una madera,

mamá preparaba la comida

y papá seguía en su trabajo, afanoso y feliz.

¿Cuándo vinieron mis hermanos

a alborotar de gozo la horizontalidad de las espigas?

También tú nos acompañabas

en el paseo vespertino con la burrita blanca, como Platero

—no, tú no lo conociste, que leías la tierra—,

y ayudabas a preparar la sopa y la tortilla.

Fueron años tan llenos

que los adobes guardan cada pequeña huella

de tu paso maduro a nuestra infancia,

de nuestro ir conociéndote y asombrarnos.

La maquinaria renovó las costumbres,

pero las estaciones de la espiga seguían sucediéndose,

igual que las edades

de la mujer y el hombre bajo el olmo centenario de la plaza.

Tu mirada se iría oscureciendo,

no veías tan lejos, los pueblos colindantes –Santamaría, Matamala–,

las luces que venían a contranoche.

Tu silueta se haría más delgada

y comenzaste el camino de retorno,

cuando arabas los campos y esperabas el fruto de la lluvia.

Me enseñaste el secreto de la desposesión del árbol,

hundidas las raíces en el resol celeste de la tierra.

Y te me fuiste despidiendo, aquel crepúsculo

de aroma a hierbabuena y tomillo.

Las nubes de verano

dibujan como un túnel que lleva hacia la luz

de la casa de adobe, de la piedra del poyo

donde ayer nos sentábamos, de los incendios

al rayar el ocaso junto a la ermita,

del olmo centenario que nos protege

de otra noche infinita de una tierra sin árboles.

XIX

Sigue cubierto de ocre
como si nada hubiese sucedido,
ni el tiempo se hubiera detenido en cada hoja
de plata, sin nieve todavía.
Borlas de Navidad son sus simientes,
estrellitas menudas de la infancia
en vuestra casa, padres, que tuvisteis
una niñita herida por el dedo de Dios
y dos vástagos bellísimos y sanos,
de los que rebrotaron otros cuatro retoños que hoy os alegran
y guardarán mañana los íntimos rincones del recuerdo.

El plátano, de firmes abrazos contenidos
y profundas venas o raíces de savia milenaria,
es como tú, papá,
entregado a la vida y sus vaivenes
sin reposo ni sombra.

Un día, de muy joven, te descubrí una cana,

como una hojita desprendida. Y aun así

supiste perdurar contra intemperie y lluvias

desde que tú y mamá, combada a su interior y protectora

como un sauce entrañable,

quisisteis enlazaros y procrear sarmientos

y un futuro calmadamente compartido.

Aún tengo en la mejilla tu beso al acostarme

cuando era muy pequeña, tus alegrías

cada vez que superaba algún obstáculo,

el ritmo de los trenes en tu mirada.

Y también, natural como el río que discurre muy dentro de nosotros,

ese ir encaneciéndose las ramas

al paso de los años y los gozos vividos.

Tu corteza, aun con todo, continúa tan tersa,

si acaso algo rugosa en su interior.

No me importa, papá.

Porque sigo queriéndote, tan iguales

y tan polos opuestos,

haz y envés de una misma nervadura.

He visto derramársete el silencio

en forma de rocío por tus ojos

siempre que te emocionas por una nimiedad.

Quieres disimularlo, y tú no sabes

que te quiero por eso,

por la debilidad que ocultas y te embellece.

Es lo mismo que ahora,

cuando las hojas caen irresoluble

mente hacia el ocaso. Y nos sentimos

un poquito más viejos, más cargados de vida.

No ha de doler la sombra si fuimos luz.

Sigues color del ocre y los crepúsculos, como si el viento

no hubiese desgajado alguna rama

del abeto o el pino de nuestra inocencia más lejana,

la tuya y la de los hijos de tus hijos.

Me he mirado en el río, y la calidez de tu madera

es la misma de siempre.

XX

He perdido mi centro. Lo ando buscando
en la oquedad vacía de la piedra,
formada de las lágrimas que no se derramaron,
hendida por los besos que no se dieron nunca.
Silencio y muerte.

XXI

Mi casa no es mi casa,

mi sombra no es mi sombra, la silueta

que vislumbro al trasluz es la de otro espejo.

¿En qué estrella sin nombre, en qué recodo

de hojas de miel moscada, en qué madeja

del gusano en letargo me he podido extraviar?

Nadie bajo los ocres.

La fuente calla, ausente, suspendida,

la rama enmarañada cae a la tierra,

hace frío por dentro del abrigo.

Una paloma hambrienta picotea los grumos de la luz.

¿Dónde estoy?

        Un azul sin orillas

delinea los arcos de los árboles

de un otoño penúltimo.

Vuelvo sobre mis huellas. Y un poco más allá

me sorprende una rama retorcida en sí misma,

como una mano cóncava y descarnada

apuntalando el cielo.

Los pájaros dormidos

se han transformado en hojas disecadas,

lucecillas de final de diciembre,

el sol en el envés de la mirada.

No recuerdo los nombres.

Y en mi lento camino de retorno,

degustando despacio cada hebra del aire

que me curte la piel y el corazón,

me descubro en el ave solitaria

y su canto perenne que conjura al invierno.

XXII

Mamá, yo estoy aquí, siempre lo he estado,

amándote, adorándote a mi manera,

desde mi rebeldía

y este espacio de luz y de arco iris

eternamente compartidos.

Una tierra de rosas entreabiertas

que van desperezándose al paraíso

y nacieron de ti, cuando me diste a luz.

Yo, aquella anémona esponjosa,

como mi cabecita

a la que harían daño las manos inexpertas de los médicos,

como mi cuerpecito ovillado en tu regazo.

Tú, el sauce más hermoso sobre el río

del cordón umbilical que nos unía;

esos ojos celestes, color del horizonte,

en los que me contemplaba

cuando entraba en el mar, sólo contigo.

Y tus manos enormes que esperaban

al final de un larguísimo pasillo

cuando comencé a dar mis primeros pasitos de bebé.

Habíamos cumplido los primeros cinco años de ternura.

Mamá,

¿recuerdas cuando el tío se enfadaba con Dios

porque me había hecho como una flor doblada,

bellísima y diversa?

«No hables así», decías, encendida por dentro

en pasión y esperanza.

Fuimos creciendo en sueños y avatares

al paso de las lunas,

y esa misma pasión fue alimentando estrellas

en mi cielo más íntimo

que a veces, sin quererlo, formó cortocicuitos

de tu centro a mi centro

—porque todo se hereda de madre a hija—.

Y van surgiendo roces y silencios oscuros

más alta que los cóndores,

aunque la savia que corre por mi tallo y tus ramas

desde la gestación primera de los astros

no se coagula nunca.

¿De qué dragón feroz me protegías
en mis sueños de infancia?
No mamá, no me iba a dañar, tú lo sabías
en tu reino interior,
allí donde el espíritu y el amor te soplaban
lo más bellos augurios.
Pero tenías miedo, tanto miedo...

Ahora que en el corazón y en el cabello
nos han crecido canas,
y alguna que otra arruga por dentro de la piel,
me he convertido en sauce y tú en anémona. Me gustaría
detener las arenas y regresar
al tiempo de los higos y los trenes,
cuando llegaron mis hermanos
a enriquecer la encina familiar.
Y en este viaje de ida y ya de vuelta
mirarnos calmamente, y comprendernos
de raíz a raíz.

XXIII

¿Por qué poner palabras al silencio?

XXIV

¿Elegisteis un árbol

antes de tomar tierra en nuestras vidas?

Te sentí un brote extraño. Era la vez primera

que en el dormitorio de mamá y papá

había una cunita. Pero muy pronto

el viento y tu ternura se llevaron

aquella pelusilla que me había cambiado la mirada:

de ser el centro a no ser

más que una hermana más.

Y comenzamos a jugar,

a hacer de la pelota una muñeca con sueños,

a dibujar veleros en las nubes.

Era tu madre y compañera.

Sin embargo, Miguel, debías trasplantarte a otro espacio:

al colegio y tus amigos, a los Scout,

a las clases de música de Jaca, donde comenzarías

a estrechar más tus ramas

con la que se convertiría en tu media naranja, a ir construyendo, con madera de abeto y encina,

vuestra peculiar tienda de campaña y empezar a volar.

Solo eso me dolió, cuando pensé

que en la casa dejabas un agujero insustituible.

Muy pronto, sin embargo, nada más que la vida

os dio una oportunidad,

nació el primer retoño; y enseguida el segundo. Mis raíces

se estremecieron hondas de alegría y asombro.

Y regresé a la edad de los juguetes.

Cuando llegaste, Javi, a esta orilla

del agua que nutría nuestro olmo familiar,

tu hermano estaba a punto de cumplir sus cinco otoños,

y yo hubiera podido darte a luz

de tanta edad y luna acumuladas.

Papá y mamá se amaban con la profundidad de la costumbre

y las primeras nieves escarchaban sus copas.

¿Pudiste conocer el vapor de los trenes,

los veranos con sabor a higuera

y la piel de ababol de nuestra madre?

Compartimos todavía los juegos,

los castillos de arena que borraría el mar,

o en el parque, dejándonos rodar como enormes balones

entre pinos y acacias;

y también en el pueblo, allí donde la abuela y el abuelo

dejaron su oquedad. ¿Tú los recuerdas?

Pensamos que no nos alcanzabas,

tú, el más pequeño y dócil de los tres,

y tu tallo comenzó a estirarse

hasta la arboladura de las nubes.

Mientras nos dedicábamos, cada cual en su especie,

a sembrar las semillas del árbol que se nos dio en herencia,

tú empezaste a estudiar, y a leer, y a construirte

una cabaña nido en la mitad del tronco

de tu tardía adolescencia.

Fue el principio del vuelo,

azorado al inicio, firme, sólido.

De ahí a formar la copa,

con hojas y pajitas, el entrañable hogar

para la esposa y dos pequeños brotes, savia de tu savia,

un instante brevísimo de eternidad inconmensurable.

Un surtidor de gozo en las aguas más íntimas, dentro de la raíz.

No precisé de luz ni sabiduría:

les nacieron innatas.

¿En el limbo quedaban árboles que elegir?

XXV

Siguen los aspersores —qué palabra tan fea— regando el césped,
como cuando tus manos conducían mi silla hasta la clase
de Historia de la Lengua,
cinco minutos tarde casi siempre.
¿Recuerdas cómo nos reíamos cuando el agua
nos mojaba la piel ya vestida de otoño?
Y corríamos, corríamos, porque el tiempo
se nos echaba encima mucho más
que el frío de las gotas.
Y corríamos, reíamos, como dos chiquillos alocados
que esconden el reloj en los bolsillos
y llegan a la clase, o a la vida, con su cara de buenos y formales.

El tiempo parecía detenerse,
éramos aún muy jóvenes:
yo cruzaba los veinte, tú rondabas
quizá por los ochenta con el brillo en los ojos
de un adolescente travieso y testarudo.

—Y si tú crees en Dios —me salías de pronto—,

¿por qué a unos nos ha hecho morenos

y a otros rubios?, ¿más altos o más bajos?;

¿por qué a ti así?

Callabas esperando una respuesta

que solo tú sabías;

yo seguía riéndome,

cómplices de una sabiduría que únicamente dan

la experiencia y los años.

—¿No os lo enseñan en clase?

Tú te habías graduado, apto cum laude,

otoños antes de que yo naciera.

Aprobamos todos los exámenes,

con la vieja máquina eléctrica de escribir

—¡qué ruido hacía!—,

pasamos curso a curso, subimos y bajamos ascensores,

y alguna vez hasta dimos en tierra

en aquellas escaleras del Interfacultades, ¿te acuerdas, tío?,

y seguimos mojándonos unos octubres más.

Nos hicimos doctores, y viniste a escuchar

mi lectura de tesis, ¡qué alegría!,

tú, que tanto temías

que esta lengua de trapo se me enredase

y nadie comprendiese la belleza que anidaba dentro.

Te sentiste orgulloso. ¿Por qué nunca expresaste

la admiración que tantos años compartimos?

Han seguido regando en el Campus el césped,

ha seguido lloviendo sobre la tierra húmeda,

tu tierra, que es la mía,

y hemos crecido tanto que casi casi llego hasta tu cielo,

donde quiera que esté.

Y ahora unos pequeños seres,

a los que tú conociste en los columpios

—o acaso aún en el limbo al chiquitín—,

me han llenado la mitad del vacío que me dejaste.

¿Sabes?, no soy capaz de abrirles un horizonte

como a mí me lo abriste,

de compartir la risa bajo los aspersores

—qué palabra tan llena de añoranzas—

que regaban los pinos y los plátanos,

de jugar a las adivinanzas y al misterio.

Pero a veces,

cuando unas gotas tibias me salpican la piel,

volvemos a encontrarnos rodando hacia las aulas

con el tiempo escondido en los bolsillos.

Y entonces es más fácil aceptar

el paso de los meses, de las lunas,

la arena que resbala en nuestras manos,

los seres que se fueron, pero que permanecen

en la mirada en luz de los sobrinos,

pícara y vivaracha y traviesa,

de niños o adolescentes ya

que acaban de despertar a los secretos.

XXVI

Si un árbol o una simiente os puede definir,
es el ciruelo rojo:
por su asombro, y su inocencia exótica, y su hermosura,
y porque igual que vuestra savia
incendia el horizonte al despertar.

Todavía recuerdo
vuestro primer relámpago de vida.
Un menudo maullido el tuyo, Juan,
saliste a recibirnos
enrolladito y asustado por la luz
de la sala de espera.
¿Lo pasaste muy mal en el túnel oscuro
del vientre de mamá a los abrazos?
Eras como una bola de peluche, más pequeño
que mi osita del cuarto; te acogía ella a ti.
Y enseguida aprendiste
a ganarnos sonrisas y admiración callada,
y a señalar con el dedo la luna, y los colores
del tren y las cubetas, y a deslizar
los coches por el largo pasillo de la casa.

¿Llegaste conociendo ya las hojas
del mirto y del ailanto y del ciprés?
Parece que fue ayer, que tus ojitos
desprendieron la luz de mil estrellas, cuando supiste
que te había nacido ya un hermano.

Estábamos con Juan cuando viniste,
dos veranos mayor,
y tardé hacia una hora en conocerte. Tu mirada
quería conocer, de tan despierta,
el límite de la luz y de la sombra,
todavía sin ver. Y esa curiosidad
te acompañó de niño y luego, adolescente.
Mami, ¿por qué tenemos que morir?
Y después de la era Cuaternaria, ¿qué será de nosotros?
Aprehendiste, igual que se succiona el biberón,
las banderas del mundo y las constelaciones;
escribías sobre el sufrimiento de las ranas
y los dragones verdes. Todo tan natural
como ponerte la nariz colorada
y hacernos titilar y estremecer de risa.

¿Tu árbol original sería, Jorge,

el de la sabiduría y las manzanas?

Ahora lo importante es que sigas creciendo

alto y al interior, sin dejar la inocencia, esa que tanto adora

tu primo cuando bajas a jugar a su altura.

XXVII

Y vosotros, los más pequeños del jardín.

Tú, mi guerrero y protector,
llegaste de improviso, brote tardío
y temprano a un tiempo, según se mire
a través del cristal del poliedro. También a ti
hubimos de esperarte largas horas
en la antesala de la vida.
Nacer y comenzar a alimentarte,
luchador aguerrido desde el instante cero de vislumbrar la luz.
Arbolito crecido en unos meses,
sorprendía tu fresca y extraña madurez:
empujabas mi silla, me dabas galletitas en la boca,
aprendiste a comprar, y de memoria
la línea de autobuses, los números, las letras.
¿Qué edén no se abriría a tus intentos?
Querías protegernos, siguiendo los augurios
de tu nombre y el curso de los ríos.
Tu mente aventajaba a los relojes:

sabías que en el centro de mamá

crecía una hermanita. Temiste brevemente;

pero nada más verla y acariciar su suavidad de luna

ayudaste a cambiarle los pañales.

Paloma, mi princesa esperada

desde generaciones.

Anémona, amapola, margarita;

ramita de laurel en un vuelo impreciso de paloma.

Al poco de nacer sentí adentro tu llanto:

tenías hambre, sueño, ¿temor de aguas oscuras?

La mujer flor más bella y cargada de futuro

que nunca he conocido. Fuiste cumpliendo

lunas, y hojitas nuevas, y estaciones.

Ni siquiera recuerdo si escuchaba el arroyo de tu voz,

tan pequeña. Era feliz si me mirabas;

me sabías contigo, trasvasando

de mi veta a tu veta,

la experiencia y el jugo que los años me han ido destilando.

Para amarse tan hondo no hacen falta palabras,

tú no las conjugabas. Me sonreías

y el viejo árbol que te sostiene

recobraba la luz de los presagios. Porque está escrito:

no han de morir mis hojas en el ocre postrero

sin sentir entre las mías otras raíces jóvenes.

Y muy pronto, a la sombra de tu hermano, fuiste creciendo

como una siempreviva, o madreselva

que nos vistió de gala el corazón.

Feliz con tus peluches y muñecas

y con los camiones e instrumentos musicales

o aquellas pinturitas con las que, esteticien profesional,

nos ibas maquillando uno a uno.

Continúas ascendiendo hasta el puente nivel

que nos comunica interiormente, y tus comidas

con hojas de la tierra nos van nutriendo y sazonando.

Si algún árbol define nuestro tronco común,

es el de la sabiduría, la vida y las manzanas,

regado por los cuatro ríos

del asombro, la entrega, la belleza y la dádiva.

Nunca llegará el ocre a sepultar nuestros campos.

Eres como un olivo esbelto y grácil;
como el que te regalé un mayo lejano
hace ahora dos décadas de amor y de paciencia,
de ternura macerada sin prisas.
Y fuiste y lo plantaste y me lo ofreciste,
huerto cerrado para dos,
como ofrenda de un niño hacia su madre
o a la mujer amada. El primer deseo,
una mirada rauda de arcoíris,
sería aquel granito de mostaza
donde terminarían anidando los pájaros celestes
y mil aves exóticas.
Levemente empezamos a frisar nuestras hojas
con el beso del viento y unas tímidas lluvias,
todavía muy jóvenes.
Tu boca preservaba el sabor de todos los frutales,
por tu tronco resbalaba el rocío y, sin quererlo,
las ramas se nos enredaron con la atracción polar
de los opuestos. Del seísmo
pasamos calmamente a la costumbre.

Y un día cualquiera, sin tampoco buscarlo, las raíces
absorbían ya juntas la savia de la vida y de la muerte,
y el éxtasis de todas las estrellas se posó en nuestras copas.
¿La fortaleza de un pequeño olivo
será proporcional a su deseo?

Fuimos viendo nacer nuevos retoños,
que iríamos bañando por la luz que nutría
la corteza y el tronco;
renovarse las hojas en la estación del fuego,
podar viejos esquejes. Despedimos las ramas
amortecidas ya las últimas primaveras.
Y una tarde de invierno
trasplantaste a mi tierra, la misma de mis padres y los antepasados,
otro menudo olivo, junto al ciruelo rojo.
Al trasfondo los pinos, las encinas, los álamos del río
serpenteando sin dobleces.
En un recodo, se nos detuvo el tiempo y las raíces
volvieron a enlazarse.

Detrás, los surcos áridos, las lluvias, cada espera

que iría germinando crepúsculo a crepúsculo.

Por delante, el futuro más hermoso

transformado en ailanto,

el árbol de los cielos y del amor.

La eternidad sigue perteneciéndonos

redondamente plena, rebosante,

grávida de simientes y hojas frescas. No tendríamos

de temer jamás a los incendios.

Nos hicimos perennes, como el canto

del cisne y del pelícano.

Los ocres ya no duelen si se comparten.

Agradezco la vida a mis padres, Eusebia y Cecilio; a mis tíos, Rosa y Fermín; a mis hermanos, Miguel Ángel y Francisco Javier, y cuñadas, Marta y Teresa; a mis sobrinos, Juan, Jorge, Guillén e Irene. A Jesús Alba, mi amor.

A María Antonia Martín Zorraquino, por su amistad, apoyo y magisterio, durante décadas.

A todos mis amigos y maestros.

ÍNDICE

El penúltimo ocre,
de María Pilar Martínez Barca,
editado en la Colección Imperatrix,
de Imperium Ediciones, con prólogo de
María Antonia Martín Zorraquino, en una primera
edición de 100 ejemplares, numerados y con dedicatoria
autógrafa de la autora, se terminó de imprimir el 14 de
diciembre de 2023, festividad de San Juan
de la Cruz patrono de la poesía.
FINIS CORONAT
OPUS